电视新闻字幕中

最易写错的 100 个词语

姚喜双　邹煜　　主编

商务印书馆
创于1897　The Commercial Press
2017 年 · 北京

图书在版编目(CIP)数据

电视新闻字幕中最易写错的100个词语/姚喜双，邹煜主编.—北京：商务印书馆，2016(2017.5重印)
ISBN 978-7-100-11769-2

Ⅰ.①电… Ⅱ.①姚…②邹… Ⅲ.①汉语—词语—辨别 Ⅳ.①H136

中国版本图书馆CIP数据核字(2015)第274999号

电视新闻字幕中最易写错的100个词语
姚喜双 邹 煜 主编

商 务 印 书 馆 出 版
(北京王府井大街36号 邮政编码100710)
商 务 印 书 馆 发 行
北京新华印刷有限公司印刷
ISBN 978-7-100-11769-2

2016年9月第1版　　开本 880×1230 1/32
2017年5月北京第2次印刷　　印张 3¾
定价：18.00元

主　编：姚喜双　邹　煜

编　写：（按音序排列）

龚琛洁　马彰羚　孟　伟

涂　欢　姚喜双　邹　煜

本项工作得到国家社科基金（No. 12BXW024）
和中国博士后科学基金（No. 2013M540912）的支持

前　言

《国家通用语言文字法》规定："国家通用语言文字是普通话和规范汉字"。"国家推广普通话，推行规范汉字"。"地方各级人民政府及其有关部门应当采取措施，推广普通话和推行规范汉字。"其中，各级各类媒体对于国家通用语言文字的规范使用具有重要影响力。

根据《国家通用语言文字法》以及国家新闻出版广电总局等的相关规定，广播电视节目要规范使用国家通用语言文字，要在推广普及普通话、推行规范汉字方面起到带头示范作用。因为媒体在向大众传播信息的同时，一方面形成、巩固和丰富着国家通用语言文字的规范和标准，另一方面也向社会传播着国家通用语言文字的规范和标准。多年来，媒体在推广普及普通话、推行规范汉字方面发挥了重要的榜样作用。比如，提到普通话的标准读音，人们自然而然就会想到并去参照播音员主持人的读音。播音员主持人的语音成为了普通话的语音样板。

然而，我们在近年来的调查中也发现，在播音员主持人的大量播音主持实践中，在电视新闻字幕中，时常也会有不少语言文字的差错出现。经过研究，这些差错都有一定的规律可循，看似数量偏多但差错类型有限，有些差错甚至会反复出现。掌握了这些规律、了解了这些最容易出错的词语，在避免差错方面可以得到事半功倍的效果。因此，在调查的基础上我们编写了这三本小册子，分别是《播音员主持人最易读错的 100个字》《播音员主持人最易读错的 100个词语》和《电视新闻字幕中最易写错的 100个词语》，希望对大家有所帮助。

目　录

凡　例

1. 本书共收录100组电视新闻字幕中最易写错的词语。

2. 词目按音序排列；拼音标注依据《汉语拼音正词法基本规则》。

3. 每个词目的编排分为两部分：上半部分包括错写词形、出错率、正确词形及其读音；下半部分给出该词语的简要释义、辨析和错误用例。

4. 出错率是依据问卷调查的结果得来的；使用频次主要是基于中国传媒大学国家语言资源监测与研究有声媒体中心2006—2014年6.5亿多字次规模有声媒体语料中的电视节目文本语料而得到。

5. 读音、释义和辨析以《普通话异读词审音表》《通用规范汉字表》和《第一批异形词整理表》为基础，同时主要参考《现代汉语词典》《现代汉语规范词典》等。由于本书不是一般的字典、词典，因此释义没有罗列该词语所有义项，辨析时只有针对性地对容易出错的地方进行重点阐释。

6. 词目均配有错写用例。例句全部选自2010—2014年的电视节目转写文本语料。例句括注出处。

词目音序索引

按部就班（√） ànbù-jiùbān

按步就班（×） 出错率 29.6%

释 按照一定的条理，遵循一定的程序。

辨 “部”表示门类，次序，如“部首”；“步”主要表示阶段，如“初步、一步一步”等。

错例 ① 今天武汉大学的教学工作**按步就班**，井然有序。（2010 年 12 月 14 日中央电视台《新闻 1+1》）

② 这些问题如果是按照**按步就班**的常规方式检查，可能就发现不了了，触目惊心，看到存在的隐患举目可见，随手可抓。（2013 年 6 月 16 日中央电视台《面对面》）

辨别（√） biànbié

辩别（×） 出错率 38.6%
相关词条：辨护（×）—辩护（√）

释 根据不同事物的特点，在认识上加以区别。

辨 “辨”表示根据不同事物的特点，在认识上做出判断、加以区别，如“辨认、辨识”；“辩”主要表示提出理由或根据来论说、解释，如“辩白、辩驳”等。

错例 ① 教育招生部门指出辩别招生诈骗的五个关键点。（2010年7月5日中央电视台《中国新闻》）

② 山东泰安的工商人员通过通俗易懂的自编儿歌，教会孩子辩别真假知识。（2010年6月1日中央电视台《新闻联播》）

不假思索（√） bùjiǎ-sīsuǒ

不加思索（×） 出错率 29.5%

释 用不着想，形容说话做事迅速。

辨 “假”表示凭借、依靠，用于书面语，如“不假思索”；“加”主要表示“加以”，如“不加考虑、严加管束”等。

错例 ① 本来并不是很喜欢吃羊肉的他不加思索连吃了8盘羊肉。（2012年3月2日中央电视台《致富经》）

② 这些少年因为安全防范意识较为薄弱，不加思索地便相信了陌生人的花言巧语，落入犯罪团伙设下的圈套。（2013年6月6日中央电视台《经济与法》）

不能自已（√） bùnéng-zìyǐ

不能自己（×） 出错率 41.0%

释 不能抑制住自己的感情。

辨 “已”表示停止，如“争论不已、有加无已”，这里指无法控制自己。“己”表示自己，如“己见、己方”等。

错例 ① 原本幸福的四口之家，现在只剩妈妈姐姐和自己了，小王难受得不能自己。（2014年4月16日青岛电视台《生活在线》）

② 就是这段经典对白让网友看了心里很是难过，当时舒淇在片场也是哭得不能自己，连妆都哭花了。（2012年11月14日深圳电视台《新闻广场》）

不省人事（√） bùxǐng-rénshì

不醒人事（×） 出错率 29.6%

释 ❶指人昏迷，失去知觉。❷指不懂人情世故。

辨 “省”表示醒悟、明白，如“省悟”；“不省”指失去知觉，陷入昏迷。“醒”表示昏迷或睡眠状态后神志恢复正常状态或大脑皮层恢复兴奋状态，如“大梦初醒、酒醉未醒”等。

错例 ①倒在警局里，睡到**不醒人事**的这位女子，她就是在7日凌晨，独自一人闯进桃园机场管制区的李姓妇人。（2011年7月8日东南卫视《海峡新干线》）

②3点59分，也就是婆婆上车37分钟后，她突然瘫软在座椅边，双眼紧闭、肌肉抽搐、反复呕吐、**不醒人事**，乘客开始呼叫驾驶员。（2011年10月15日中央电视台《新闻联播》）

恻隐（√） cèyǐn

侧隐（×） 出错率 30.6%

释 对受苦难的人表示同情；不忍。

辨 “恻”表示悲伤，如“恻然、凄恻”；“侧”表示旁边，向旁边歪斜，如“左侧、侧耳”等。

错例 ① 我觉得我要更正一下你的这个问题，它其实不是每个人都纠结的问题，譬如说孟子有讲过“人皆有侧隐之心，而侧隐之心是人之开始”。（2010年3月23日中央电视台《今日观察》）

② 它是一部用我们熟悉的语言，熟悉的情感，熟悉的苦难，对人性当中最真诚的呼唤，侧隐之心的共鸣（的电影）。（2010年8月7日中央电视台《海峡两岸》）

叱咤风云（√） chìzhà-fēngyún

叱诧风云（×） 出错率 34.8%

释 形容声势威力很大。

辨 “叱咤”表示发怒吆喝；“诧”表示惊讶，如“诧然、诧异”等。

错例 ① 在另一场女子比赛中，当年叱诧风云的“铁榔头”郎平指导的深圳女排代表队对抗汪嘉伟指导的深大联队，比赛也是非常紧张激烈，比分上下胶着。（2011年7月4日深圳电视台《第一现场》）

② 过去也是叱诧风云这样一个商人，她在法庭上居然戴着帽子。但她其实是做过两次开颅手术，因为怕冷才戴上这个帽子。（2013年9月24日中央电视台《新闻1+1》）

冲账（√） chōngzhàng

充账（×） 出错率 91.7%

释 收支账目互相抵销，或两户应支付的款项互相抵销。

辨 “冲”表示互相抵销；“充”表示装满、塞足，如“充电、充耳不闻”等。

错例 ① 从男子口中了解到，购买人多为报销**充账**的本地人，价格都是按照票面金额 1% 收取的。（2011 年 4 月 14 日新疆电视台《新疆新闻联播》）

② 我们看到被起诉的这五名民进党的前政务官，被检方认为用不当的发票**充账**，来诈领特别费。（2008 年 7 月 19 日中央电视台《海峡两岸》）

凑合（√） còu·he

凑和（×） 出错率 42.2%

相关词条：

貌和神离（×）—貌合神离（√）

掺合（×）—掺和（√）

合衣而卧（×）—和衣而卧（√）

释 ❶聚集。❷拼凑。❸将就。

辨 “合”表示聚集、拼凑、共同、符合；“和”表示平和、和谐、连带，如“和善、和顺、和衣而卧”等。

错例 ①你看看这个小区，现在已经搞得像垃圾堆一样了。外面看着还凑和，里面更乱。（2010年8月29日新疆电视台《新疆新闻联播》）

②由于时间紧张，演职员们在附近找了一家排骨米饭餐馆，午饭只能简单地凑和一下。（2012年2月10日青岛电视台《今日》）

粗犷（√） cūguǎng

粗旷（×） 出错率 35.1%

释 形容词。意为粗野、粗鲁；粗豪、豪放。

辨 “犷（guǎng）”本义是指野兽凶猛，后引申为粗野，如“粗犷无礼”；“旷（kuàng）”本义指明亮，与日有关，后引申为空而宽阔、心境开阔等，如“旷野、旷达”。

错例 ① 彼得·贝尔德作为一名制陶艺术家已经30多年了，他的作品大都通过粗旷简洁的线条、波浪式的花纹反映了沙滩、贝壳等题材。（2008年3月17日中央电视台《第一时间》）

② 民歌手粗旷辽远的原生态演唱和山西民间戏曲情景，为观众讲述了一段黄土高坡上的感人至深的爱情故事。（2009年9月5日山西电视台《山西新闻联播》）

撮一顿（√） cuō yī dùn

搓一顿（×） 出错率 62.5%
相关词条：撮牌（×）— 搓牌（√）

释 吃一顿。

辨 “撮”表示吃；“搓”表示两个手掌反复摩擦，或把手掌放在别的东西上来回揉，如“搓麻绳、搓手”。

错例 ① 有记者回忆，那时一脸稚气的他说，自己喜欢吃红烧肉、荔枝和芒果，准备请队友们好好**搓一顿**。（2011年7月23日中央电视台《新闻周刊》）

② 隔三岔五就去大饭店**搓一顿**，这诱惑谁能扛得住啊。（2012年10月26日青岛电视台《生活在线》）

跌宕起伏（√） diēdàng-qǐfú

跌荡起伏（×） 出错率 29.7%

释 形容事物多变，不稳定。

辨 按照《第一批异形词整理表》，“跌宕”为推荐词形。跌宕是形容词。主要义项有：①性格洒脱，不拘束；放荡不羁。②音调抑扬顿挫或文章富于变化。

错例 ① 希金斯与特鲁姆普的第四阶段的比赛，就像一部精彩大片，故事情节**跌荡起伏**。（2011 年 5 月 3 日中央电视台《中国新闻》）

② 作为一个女性政治家会承担很大的压力，您如何来化解这样的压力，在您**跌荡起伏**的一生当中，有没有什么事情给您留下最深刻的印象？（2014 年 7 月 2 日中央电视台《环球视线》）

对簿公堂（√） duìbù-gōngtáng

对薄公堂（×） 出错率 31.4%

释 在官府公堂上受审问，后来指在法庭上对质或上法庭打官司。

辨 “簿”即簿子，如“账簿、练习簿”，这里指文状、起诉书等；“薄”（bó/báo）表示扁平、轻微、不壮实，如“薄冰、薄利”等。

错例 ① 台湾艺人为了女儿的监护权再次**对薄公堂**，其委任律师表示，裁定结果预计会在月底出炉。（2010年8月6日中央电视台《中国新闻》）

② 终于，忍无可忍的村民们报了警，但地主却对自己的罪行矢口否认。不过村民们已经决定，要与地主**对薄公堂**。（2011年3月11日中央电视台《中国新闻》）

噩梦（√） èmèng

恶梦（×） 出错率 29.4%

释 可怕的梦。

辨 “噩”表示凶险惊人的、不吉利的，如“噩耗、噩运”；“恶”表示很坏的行为，凶狠、凶猛，如“作恶、恶霸”。

错例 ①民众表示，事件还没有“接近尾声”，相反，原油泄漏的“后遗症”不知道会持续多久，恶梦才刚刚开始。（2010年8月5日中央电视台《中国新闻》）

②不论是隐姓埋名、提心吊胆，还是高调显贵于人前，历经多年逃亡的嫌犯总有一个恶梦挥之不去。（2012年1月13日中央电视台《新闻1+1》）

烦躁（√） fánzào

烦燥（×） 出错率 37.9%
相关词条：浮噪（×）—浮躁（√）

释 烦闷急躁。

辨 “躁”形容心急、不冷静，如“急躁、躁动”；“燥”表示缺少水分、干燥，如“燥热、山高地燥”等。

错例 ① 调查结果表明，受访群众不同程度地存在着情绪紧张、害怕、**烦燥**、焦虑、抑郁等负面情绪。（2010年8月22日中央电视台《焦点访谈》）

② 舞曲照常响起，高分贝的音乐，让当天喝多了酒的施某越发**烦燥**。（2013年11月7日中央电视台《新闻1+1》）

妨碍（√）　fáng'ài

防碍（×）　出错率　30.0%

释　使事情不能顺利进行；阻碍。

辨　“妨”表示阻碍，不利于，如“妨害、妨碍”；“防”主要表示预先做准备应付祸患，如“防备、预防、防范”等。

错例　① 目前调查活动主要集中在证物搜集和分析阶段，正在24小时不间断进行，凶手的弟弟也因防碍执法被逮捕。（2010年8月26日中央电视台《中国新闻》）

② 虽然我们很难界定番茄究竟是蔬菜还是水果，但无论是炒菜、做汤还是生吃、榨汁，这都不防碍人们对它的喜爱。（2012年6月21日中央电视台《每日农经》）

蜂拥而至（√） fēngyōng-érzhì

蜂涌而至（×） 出错率 36.6%

释 像蜂群似的拥挤着走来。

辨 “拥”表示围着、挤着走，如“拥挤、拥堵”；“涌”表示水或云气冒出，如“涌流、涌潮”等。

错例 ① 种植户们都对去年的景象记忆犹新，当时刚一开始收土豆，全国各地的采购商们都**蜂涌而至**，开着车主动到地里来收购。（2011 年 11 月 4 日中央电视台《经济半小时》）

② 记者在投放水域发现，沿岸有不少的垂钓者**蜂涌而至**，甚至还有渔船开始出没。（2007 年 8 月 1 日天津电视台《今日经济报道》）

宫廷（√） gōngtíng

宫庭（×） 出错率 44.2%

释 ❶帝王的住所。❷由帝王及其大臣构成的统治集团。

辨 “廷”表示朝廷，指君主时代，国君起居、办事及发布政令的地方，如“清廷”；“庭”表示厅堂或正房前的院子，如“庭院”。

错例 ①无论是“汉武帝相思说”，还是“土耳其苏丹后悔说”，皮影戏总与皇帝、宫庭有关，与劳动者有关。（2008年7月17日中央电视台《探索发现》）

②饭店模仿北京紫禁城的中国宫庭建筑风格，尤其14层的主楼，大红的立柱，覆盖着金瓦的重檐歇山顶，整栋建筑里里外外雕龙绘凤，非常显眼。(2011年7月11日东南卫视《海峡新干线》）

寒暄（√） hánxuān

寒喧（×） 出错率 69.1%

释 见面时谈天气冷暖之类的应酬话。

辨 “暄”表示（太阳）温暖的；“喧”表示声音大，如“喧哗、喧嚣”等。

错例 ① 这位领导私下也和记者坦诚，说实话在机关待得久了，跟群众打交道确实少了，有时见到群众，除了寒喧，真不知该聊些什么。（2013 年 8 月 23 日中央电视台《新闻 1+1》）

② 4 小时后目的地到了，两位企业老板模样的人迎了过来，记者以为会直奔企业采访，可双方却寒喧着进了一家酒楼。（2013 年 2 月 18 日中央电视台《焦点访谈》）

好像（√） hǎoxiàng

好象（×） 出错率 30.2%
相关词条：图象（×）—图像（√）

释 ❶ 动词。有些像；像。❷ 副词。似乎；仿佛。

辨 “像”表示在形象上相同或有某些共同点，人物形象的摹写或雕塑，如“相像、肖像、音像”等，还可表推测或譬喻；“象”表示形状、样子，又表示仿效、模拟，如“景象、象形”等。

错例 ① 梦想馆内没有一朵真花，但一直都是参观人数最多的一个馆，进入这里就好象来到童话世界。（2010 年 11 月 15 日中央电视台《中国新闻》）

② 音乐创作者珍视自己的作品就好象对待自己的孩子一样，而在某种程度上，音著协的作用和功能就是帮助音乐创作者去保护他们的这个作品。（2012 年 4 月 15 日中央电视台《面对面》）

河汊（√） héchà

河岔（×） 出错率 80.1%
相关词条：叉路（×）—岔路（√）

释 大河旁出的小河。也叫河汊子。

辨 “汊”即汊子、汊港，表示河流的支道；“岔”表示道路等的分支，做动词表示离开原来的方向而偏到一边，如“岔路、打岔”等。

错例 ① 持续一天的降雨使江水暴涨，鹿山村渔民王玉福老人瞬间被江水围堵在江边的河岔内。（2010 年 5 月 21 日中央电视台《中国新闻》）

② 原来泽普县是南疆少有的水源地，纵横的河岔滋养着独特的水岸金胡杨。（2011 年 2 月 5 日中央电视台《新闻联播》）

黄粱美梦（√）huángliáng-měimèng

黄粱美梦（×） 出错率 45.3%

释 比喻沉湎于不切实际的梦想中，也指想要实现的好事落得一场空。

辨 “粱”为谷子的优良品种的统称，“黄粱”即小米；“梁”指水平方向的长条形承重构件，木结构屋架中专指顺着前后方向架在柱子上的长木，如“房梁”。

错例 ① 他揣着近二十万元赃款潜逃回了黑龙江，买了出租车准备重新开始生活，但罪恶是不能掩盖的，一场黄梁美梦到头来换得的是冰冷的铁窗命运。（2009年2月18日中央电视台《法治在线》）

② 虽然那位神龙见首不见尾的女犯罪嫌疑人，通过精心策划，侥幸逃脱了我国法律的严惩；然而，她费尽心机打造的黄梁美梦，却被海关卫士击得粉碎。（2009年11月26日中央电视台《探索发现》）

荟萃（√） huìcuì

汇萃（×） 出错率 31.2%

释 （英俊的人物或精美的东西）汇集；聚集。

辨 “荟”表示草木繁盛，这里表示聚集；“汇”表示汇合，聚合，如“汇集、汇合”等。

错例 ① 100 多幅画家新近创作的作品汇萃了岭南情、齐鲁韵。（2012 年 6 月 27 日山东电视台《早安山东》）

② “智慧社区”有线服务平台是全市首个依托高清电视的政府宣传窗口，初步上线党务政务、民生汇萃、365 服务等 6 大项、32 个便民服务项目。（2013 年 10 月 29 日大连电视台《大连新闻》）

急流勇退（√） jíliú-yǒngtuì

激流勇退（×） 出错率 75.5%
相关词条：
迫不急待（×）—迫不及待（√）

释 旧时比喻仕途顺利的时候毅然退出官场，现也比喻在复杂的斗争中及早抽身。

辨 “急”表示很快而且猛烈、急促，如“急雨、水流很急”；“激”表示（水）因受到阻碍或震荡而向上涌，如“江水激起六七丈高”等。

错例 ① 暂获自由的卡恩必须尽快作出决断，是继续争取社会党内初选资格，保持向爱丽舍宫冲刺的姿态，还是激流勇退。（2011年7月3日中央电视台《中国新闻》）

② 迄今为止，中国足坛还没有其他球队能和当年的万达足球相媲美。然而，大连万达却在2000年初激流勇退，把球队转手给了大连实德。（2011年7月4日中央电视台《中国新闻》）

秸秆（√） jiēgǎn

秸杆（×） 出错率 32.6%

释 农作物脱粒后剩下的茎。

辨 “秆”即秆子，表示某些植物的茎，如“麦秆、麻秆”；“杆”表示器物的像棍子的细长部分（包括中空的），如“钢笔杆、枪杆”等。

错例 ① 在150公里范围内，又有6家生物质发电厂投产或在建，有限的**秸杆**资源立刻紧张起来。（2011年7月25日中央电视台《新闻联播》）

② 当地干部群众把一棵棵幼苗栽在塑料袋里，用营养土培育壮实后，连苗带土往沙里栽。再用庄稼**秸杆**打成结，铺在沙丘上来固定沙石。（2012年10月7日中央电视台《新闻联播》）

截至今日（√） jiézhì jīnrì

截止今日（×） 出错率 47.0%

释 截至：截止到今天。

辨 “至”表示到，如“至今、自始至终”；“止”表示（至/到……）截止，如“展览从10月1日至10月14日止”。“截至”后面可以加表示日期时间的词语，“截止”后面不跟表示日期时间的词语，“截止到”后面可以加表示日期时间的词语。

错例 ① 据有关部门统计，截止今日凌晨，全市因燃放烟花爆竹受伤达上百人。（2007年2月18日北京电视台《北京新闻》）

② 截止今日，远东医疗队共为220名藏族母亲进行防癌筛查和妇科检查，这种义诊捐助公益活动还在继续中。（2012年9月18日深圳电视台《新闻广场》）

金刚（√）　jīngāng

金钢（×）　出错率　34.9%

释　❶佛教称佛的侍从力士，因手拿金刚杵（古印度兵器）而得名。❷〈方〉某些昆虫（如苍蝇）的蛹。

辨　“刚”表示硬，坚强（跟“柔”相对），如“刚强、刚烈”；“钢”则是铁和碳的合金，是一种工业材料，如“钢琴、钢筋”。

错例　①俗话说没有**金钢**钻，揽不了瓷器活儿，刚才的这位周师傅，还就是将河豚鱼籽烹制到了极致。（2008年4月4日中央电视台《科技苑》）

②看了这篇文章，再看看身边的产品质量，我真的是没话可说，消费者只能感谢爹妈给了咱一副**金钢**不坏之身。（2006年10月25日中央电视台《第一时间》）

惊愕（√） jīng'è

惊谔（×） 出错率 30.4%

释 吃惊而发愣。

辨 “愕”表示惊讶、发愣，与心情有关，如“愕然、惊愕”；“谔”指正直的话，与言语有关，如“谔谔”形容直话直说。

错例 ① 老马（想收养他女儿）的请求让他惊谔，但老马说得不无道理：几年来自己外出赚钱，女儿不是送到这个邻居家就是送到那个邻居家，他也曾多次动摇过抚养女儿的想法。（2007 年 4 月 25 日中央电视台《讲述》）

② 民警从一脸惊谔的老板娘身上查获了她还来不及藏匿的去往全国各地的火车票 49 张。车票有发往四川成都、广元的；有发往安徽蚌埠、淮南、阜阳的；有发往江西鹰潭、景德镇的。（2009 年 2 月 5 日中央电视台《经济与法》）

精疲力竭（√） jīngpí-lìjié

筋疲力竭（×） 出错率 60.5%

释 精神非常疲劳，体力消耗已尽，形容极度疲乏。也说精疲力尽。

辨 “精”表示精神或精力，如“聚精会神”；“筋”是指肌肉，或者肌腱、骨头上的韧带，如“筋骨、筋节、筋疲力尽”等。

错例 ① 从灾害发生到现在，王伟每天都坚守在搜救一线，希望发现更多的生还者，直到**筋疲力竭**，他说，这样才能让自己暂时不去想念妻子。（2010 年 8 月 15 日中央电视台《新闻联播》）

② 他进行了长达 5 公里的马拉松式的追击，直到野猪**筋疲力竭**的时候，才在其他村民的帮助下将它制服。（2007 年 8 月 6 日中央电视台《致富经》）

巨擘（√） jùbò

巨擎（×） 出错率 47.7%

释 大拇指，比喻在某一方面居于首位的人物。

辨 “擘”是大拇指的意思，如“巨擘”；“擎”则是指往上托或举着，如“擎天柱”。

错例 ① 最开始的时候，美国加州斯坦福大学的一些科研人员，他们走出校园开始创业，从纽约来的风险投资家和投资银行家来寻找比较优秀的企业家、比较优秀的技术，给他们提供资金，扶持他们去走向资本市场，二三十年之后，这些企业都成了世界高科技产业的巨擎。（2008 年 11 月 25 日中央电视台《对话》）

② 从 1995 年蒙代尔第一次访问中国开始，10 年间，他已近 30 次踏上这片神奇的国度；此时此刻，蒙代尔不仅是享誉世界的科学巨擎，更是一位中国的老朋友。（2006 年 9 月 4 日北京电视台《北京新闻》）

诀窍（√） juéqiào

决窍（×） 出错率 32.3%
相关词条：
生死决择（×）—生死抉择（√）

释 关键性的方法。

辨 “诀”表示口诀或者秘诀、妙诀，如“诀窍、诀要”；“决”既可以指决定，又可以指破裂、断开，如“决策、决裂、决赛”等。

错例 ① 渔王说从小我手把手地教他们，一丁点闪失都没有，我总是把我最高的决窍毫不保留地教给每一个儿子。（2007年2月21日中央电视台《百家讲坛》）

② 记者在什刹海野鸭岛附近看到，几十位中老年人正手拄越野手杖，向教练讨教这项运动的决窍。（2008年9月23日北京电视台《特别关注》）

铐上（√） kào · shang

拷上（×） 出错率 39.7%

释 给人戴上手铐。

辨 “铐”指手铐或者戴手铐，如“手铐、铐上”；“拷”则是指拷打或者拷贝，如“拷问、拷份文件”。

错例 ① 去（法院）我肯定不去，如果要叫我去，那你给我拷上我才去。（2008 年 11 月 5 日中央电视台《法治在线》）

② 最近，湖南一个女孩在武汉帮助一位失血过多的老人，没想到，却被警察拷上了，怎么回事？（2013 年 4 月 12 日青岛电视台《青岛全接触》）

恪尽职守（√） kèjìn-zhíshǒu

克尽职守（×） 出错率 29.3%

释 谨慎认真地做好本职工作。

辨 “恪”形容谨慎而恭敬，如“恪守、恪遵”；“克”义为克服、克制，如“以柔克刚、克己”等。

错例 ① 要保证负责公共卫生的机构能够克尽职守。（2010年10月27日中央电视台《经济半小时》）

② 他们能够克尽职守，能够在新的形势下去履行他们的责任？那么这个时候，我觉得需要有一种行政的问责机制。（2013年5月7日中央电视台《央视财经评论》）

狼藉（√） lángjí

狼籍（×） 出错率 42.1%
相关词条：慰籍（×）—慰藉（√）

释 乱七八糟；杂乱不堪。

辨 “藉”主要指践踏、侮辱；“籍”主要指书籍，籍贯等，如“古籍、原籍、学籍”。按照《第一批异形词整理表》，“狼藉”为推荐词形。

错例 ① 道路被淹没，农田被淹没，海岸上满眼全是房屋倒塌后造成的碎片，人们只能站在高处眼睁睁地看着自己熟悉的家园变成一片狼籍。（2010 年 3 月 1 日中央电视台《中国新闻》）

② 烧焦的杂物依然堆放在走廊和楼梯间里，现场仍是狼籍一片，刚买菜回来的住在 2108 房的黄先生告诉记者，一周前的那场火仍在影响着他们的生活。（2012 年 5 月 16 日北京电视台《新闻晚高峰》）

老奸巨猾（√） lǎojiān-jùhuá

老奸巨滑（×） 出错率 30.6%
相关词条：猾头（×）—滑头（√）

释 形容十分奸诈狡猾。

辨 “猾”是狡猾的意思，如“奸猾”；“滑”则是指光滑，油滑，如“滑溜、滑冰、滑头”等。

错例 ① 在尔虞我诈的政治漩涡当中，张勋这个粗率的武夫，终究还是没有能够斗过老奸巨滑的段祺瑞，反而被人给玩弄了一把。（2009年6月29日中央电视台《探索发现》）

② 我觉得我的老奸巨滑不伤害人不就可以嘛？不伤害人的利益，不伤害人的尊严。（2013年6月3日中央电视台《看见》）

立竿见影（√） lìgān-jiànyǐng

立杆见影（×） 出错率 29.4%

释 比喻立见功效。

辨 “竿”，竿子，多指竹竿，如“百尺竿头，更进一步”；“杆”，杆子，多指有一定用途的细长的木头或类似的东西，如“旗杆、电线杆”等。

错例 ① 业内人士认为，新政策对新能源车的销售并不能起到立杆见影的效果，政策的重点在于明确新能源汽车的技术走向和培育国产品牌。（2010年6月3日上海广播电视台《新闻报道》）

② 他利用棉籽油的连续煎炸18小时不产生反式脂肪酸、适合做煎炸食品的特点，打出牌子广泛宣传。此举立杆见影，很快使棉籽油销量大增。（2013年5月15日中央电视台《致富经》）

流光溢彩（√） liúguāng-yìcǎi

流光异彩（×） 出错率 30.2%

释 形容光彩流动闪烁。

辨 “溢”表示充满而流出来或者过分，如“溢美之词、溢于言表”；“异”则表示不同的、特别的、另外的，如“大放异彩、异常”等。

错例 ① 在长安街的另一端，复兴门和金融街周边的大楼外景灯光在车灯的映衬下也是流光异彩。（2010年10月9日北京电视台《北京新闻》）

② 流光异彩的浦江两岸、灯火璀璨的世博之夜、古朴静谧的朱家角古镇，《上海，灵感之城》形象片以多个上海标志性场景和一张张普通上海人的欢快笑脸为线索，全方位展现了上海经济、金融、贸易、交通航运、科技、文化创意等各个领域的发展新景。（2012年11月1日上海广播电视台《东方午新闻》）

莽莽群山(√) mǎngmǎng-qúnshān

茫茫群山(×) 出错率 34.4%

释 无边无际或连绵不断的山。

辨 “莽莽”有两个义项：①形容草木茂盛，如“杂草莽莽”。②形容原野辽阔，无边无际，如“莽莽雪原”。“茫茫”形容没有边际，看不清楚，如“茫茫大海”。

错例 ①她立志要抓住当年拐卖她的人。然而，事过境迁，物是人非，茫茫群山环抱之中，她能够找到给她带来终生痛苦的人贩子吗？（2007年1月24日中央电视台《共同关注》）

②井冈山地处湘赣边界，罗霄山脉中段，茫茫群山深处，这座形同握拳五指的山就是它的主峰。（2007年11月5日中央电视台《走遍中国》）

贸然（√） màorán

冒然（×） 出错率 43.5%

释 轻率地，不加考虑地。

辨 “贸”表示轻率，鲁莽，如“贸然”；“冒”表示冒失，冒昧，冒充或者不顾危险等，如“冒犯、冒认、冒险”等。

错例 ① 小伙子蹲在老人身边，没有冒然施救，而是轻轻地将老人慢慢翻转过来让他侧卧，并用手托着老人的头，让老人保持呼吸通畅，防止老人窒息。（2012 年 8 月 28 日中央电视台《新闻联播》）

② 这些意外的发生，大都因为人们不知道冰层厚度就冒然上冰。（2013 年 1 月 9 日中央电视台《新闻联播》）

美轮美奂（√） měilún-měihuàn

美仑美奂（×） 出错率 68.5%

释 形容新屋高大美观，也形容装饰、布置等美好漂亮。

辨 “轮”形容高大，“奂”形容文采鲜明；“仑”则指条理，伦次。

错例 ① 夜幕下的世博园处处流光溢彩，这次世博会首次大规模创新应用 LED 照明，让夜晚的世博园不仅美仑美奂，而且体现节能环保的理念。（2010 年 5 月 18 日中央电视台《新闻联播》）

② 在彩色灯光的映衬下，这些细节生动的艺术品美仑美奂，营造出童话世界般的情境。（2010 年 12 月 29 日中央电视台《新闻联播》）

拈花惹草（√） niānhuā-rěcǎo

沾花惹草（×） 出错率 36.8%

释 指男子乱搞男女关系或狎妓。

辨 “拈”读niān，表示用两三个手指头夹取东西，捏，如“拈弓搭箭、拈轻怕重”；“沾”读zhān，指稍微碰上或挨上，如“沾边、沾亲”等。

错例 ① 我父亲也认为我是不务正业，放着农活不干，偏偏去**沾花惹草**。（2007年3月27日中央电视台《科技博览》）

② 这是最起码的一个标准，就是你不是朝三暮四，**沾花惹草**，就是她的眼里只有你，你的眼里只有她。（2008年11月27日中央电视台《中国电影报道》）

涅槃（√） nièpán

涅磐（×） 出错率 30.0%

释 佛教用语，原指超脱生死的境界，现用作死（多指佛或僧人）的代称。

辨 “槃”同“盘”，现在一般只用于“涅槃”；“磐”指大石头，如“磐石”。二者声旁相同，在书写时形旁易混淆。

错例 ① 涅磐后的北川新县城，在规划设计方面充分体现了“安全、特色、宜居”的理念。（2010年9月15日中央电视台《中国新闻》）

② 体制改革让文化新业态迅速壮大，也让传统文化产业涅磐重生。（2011年7月19日中央电视台《经济半小时》）

怄气（√） òuqì

呕气（×） 出错率 29.9%

释 闹别扭，生闷气。

辨 “怄”表示生气，不愉快，如“怄气、怄人”；“呕”指吐，如“呕吐、呕血”等。

错例 ① 听了这话，记者明白了个大概，大伙这是在和附近的燃气公司**呕气**呢！（2012 年 4 月 15 日青岛电视台《生活在线》）

②大额钱款、名车、名表、名贵珠宝、甚至上百万房产，这些豪礼送出时，最好留下赠送的证据，因此，微博、微信、短信、邮件，等等……可别因为分手**呕气**就急着删除。（2014 年 2 月 14 日深圳电视台《正午 30 分》）

怦然心动（√） pēngrán-xīndòng

砰然心动（×）　　出错率　　32.5%

释 指由于受某种事物的刺激，思想情感突然起了波动。

辨 “怦”形容心跳的声音，如“吓得心里怦怦直跳”；“砰”形容撞击、爆裂或重物落地的声音，常用“砰的一声”。

错例 ① 2005 年 4 月，他偶然从电视上看到了一条养殖特种野猪致富的消息，这让他**砰然心动**，他决定改养特种野猪。（2010 年 6 月 9 日中央电视台《致富经》）

② 而就在不少购物网站打出“零利润”“高返利”“最低价”等让人**砰然心动**的广告词的时候，我们发现，在这些诱人的宣传背后，隐藏着的竟然是不为人知的秘密。（2012 年 7 月 8 日中央电视台《每周质量报告》）

气概（√） qìgài

气慨（×） 出错率 49.1%
相关词条：
同仇敌慨（×）—同仇敌忾（√）
愤概（×）—愤慨（√）

释 在对待重大问题上表现的态度、举动或气势（专指正直、豪迈的）。

辨 “概”读 gài，指气度神情，如“气概”；“慨”读 kǎi，指愤激、感慨或慷慨，如“愤慨、慨叹、慨允”等。

错例 ① 为实现中央军委这一战略意图，中原野战军以狭路相逢勇者胜的气慨，连续打破了 20 多个旅的围追堵截。（2011 年 7 月 6 日中央电视台《军事纪实》）

② 民族管弦乐与合唱《江山颂》，跌宕起伏、气象万千，传达出中华民族伟大复兴的恢宏气慨。（2011 年 11 月 1 日中央电视台《新闻联播》）

签订（√） qiāndìng

签定（×） 出错率 35.1%
相关词条：
制订法律（×）—制定法律（√）

释 订立条约或合同并签字。

辨 “订”表示经过研究商讨而立下（条约、契约、计划、章程等），如“订婚、订合同”；“定”指决定、确定，如“商定、定夺”等。

错例 ① 坎贝尔同时表示，韩朝关系的改善对朝美签定和平协定和关系正常化十分重要。（2010年2月4日中央电视台《中国新闻》）

② 韩方愿进一步深化两国各领域务实合作，扩大对中国中西部的投资，尽快签定韩中自贸协定，推动两国和区域经济合作更上一层楼。（2013年6月28日中央电视台《新闻联播》）

歉收（√） qiànshōu

欠收（×） 出错率 69.5%

释 收成不好（跟“丰收”相对）。

辨 “歉”表示收成不好，如“歉年、歉收”；“欠”表示不够，缺乏，如“欠佳、欠妥、欠考虑”等。

错例 ① 严重的旱情导致尼日尔部分地区农作物欠收，食物匮乏令当地因饥饿而患各类疾病的人数与日俱增。（2010 年 3 月 26 日中央电视台《中国新闻》）

② 目前正值秋天农作物的收获季，但是日本全国普遍都存在欠收的现象。（2010 年 10 月 23 日中央电视台《中国新闻》）

痊愈（√） quányù

全愈（×） 出错率 29.8%

释 病好了。

辨 “痊”由形旁可见其意义与疾病相关，指病愈，如“痊愈”；“全”指完备、完全、整个，如“全部、全球”等。

错例 ① 同坐一个车厢，热心的李教授耐心细致地向她介绍一些相关红斑狼疮的知识，激发了她全愈的渴望。（2007 年 5 月 6 日上海电视台《十字街头》）

② 如果五年以后不复发的话，基本上就全愈了。（2012 年 10 月 27 日山东电视台《民生直通车》）

惹是生非（√） rěshì-shēngfēi

惹事生非（×） 出错率 39.4%

释 惹是非，引起麻烦或争端。

辨 “是”表示对，正确（跟“非”相对），如“自以为是、实事求是”；“事”指事情、事故，如“事迹、事件”等。

错例 ① 在周边熟人的眼中，他不惹事生非，工作勤快，业余时间他还会赶到义工服务站做义工。（2012 年 10 月 21 日中央电视台《面对面》）

② 就是说美国一方面要把日本盟友紧紧地拉在自己的怀里，同时还不能让他惹事生非。（2013 年 8 月 13 日中央电视台《环球视线》）

认罪服法（√） rènzuì-fúfǎ

认罪伏法（×） 出错率 90.5%

释 （犯人）服从判决。

辨 “服法”则表示罪犯服从判决；“伏法”表示罪犯被执行死刑。

错例 ①虽然庭审中控辩双方辩论得很激烈，但是最后被告人还是表示愿意**认罪伏法**。（2012年4月6日中央电视台《经济与法》）

②他对大肆编造传播虚假不实信息在境外网站发布等违法犯罪事实供认不讳，也对其违法犯罪行为给相关当事人和国家形象造成的严重负面影响深感忏悔，愿意**认罪伏法**。（2014年5月13日中央电视台《新闻联播》）

融会贯通（√） rónghuì-guàntōng

融汇贯通（×） 出错率 51.9%

释 参考并综合多方面的知识或道理而得到全面的透彻的领悟。

辨 “会”表示理解、领会，如“体会”；“汇”多指水流聚合，如“百川所汇、汇成巨流”等。

错例 ① 你必须要**融汇贯通**，从心体会，这才叫作真正的道德，而音乐本身就是道德的。（2010 年 5 月 29 日凤凰卫视《开卷八分钟》）

② 现阶段，老师建议考生们复习时能把知识揉在一起，而让考生做到**融汇贯通**的最好帮手就是选择题。（2011 年 5 月 23 日山西广播电视台《新闻午报》）

糅合（√） róuhé

揉合（×） 出错率 39.4%

释 掺和，混合。

辨 “糅”指混杂，如“糅杂、糅合”；“揉”指用手来回擦或搓，或者用手反复推压搓弄东西，使变软或成球形，如“揉搓、揉面”。

错例 ① 一种是以内地为主导的合拍，两边把自己最好的资源，揉合在一起，就让我们的中国电影，不管是香港还是内地的都变得更好看。（2007年6月28日北京电视台《北京您早》）

② 作品既保持了中国传统水墨画的特点，又揉合了西方现代表现手法的抽象写意风格，把西方抽象艺术理念与中国传统水墨技法结合起来，并汇入了中国书法元素的精髓，非常具有视觉冲击力，让人耳目一新。（2012年8月17日山东广播电视台《民生直通车》）

霎时（√） shàshí

刹时（×） 出错率 46.6%

释 霎时间，极短的时间。

辨 “霎”读 shà，形容时间短，一会儿，如“一霎、霎时”。“刹”读 chà，指佛教的寺庙，如“古刹”；“刹那”是梵语 kṣaṇa 的音译，表示极短的时间，瞬间。

错例 ① 伴随着惊天的水浪声，三米高的海啸扑面而来，在水中嬉戏的游人刹时间就已经踪迹全无。（2011 年 7 月 31 日广州电视台《今日报道》）

② “为让代表早回去，此处略去一万字。”刹时，现场掌声雷动。（2011 年 2 月 17 日新疆电视台《新疆新闻联播》）

水蒸气（√） shuǐzhēngqì

水蒸汽（×） 出错率 46.3%

释 气态的水。

辨 “气”指气体，如“煤气、沼气”；“汽”指液体或固体受热而变成的气体，例如水变成水蒸气，或特指水蒸气，如“汽船”等。

蒸汽、蒸汽浴、蒸汽机、蒸汽锤是正确用法。

错例 ① 从现场画面看到，注水后，3号机组上方不断冒出水蒸汽。（2010年3月18日中央电视台《中国新闻》）

② 专家解释，光在水蒸汽中的折射形成了这罕见的海市蜃楼现象。（2011年3月3日中央电视台《中国新闻》）

松弛（√） sōngchí

松驰（×） 出错率 36.2%

释 ❶松散，不紧张。❷（制度、纪律等）执行得不严格。

辨 “弛”指放松、松懈，如“一张一弛、弛缓”；“驰”指（车马等，使车马等）跑得很快，还有传播和（心神）向往的意思，如“奔驰、驰骋”。

错例 ①这两个特别的假期，远不止是**松驰**脑子，很重要的一点是为了健康和他们的成长。（2010年7月6日中央电视台《新闻1+1》）

②我想这种影响最重要的就是我们期待的让整个中国体育代表团的心态完全**松驰**下来。（2012年7月29日中央电视台《新闻1+1》）

所作所为（√） suǒzuò-suǒwéi

所做所为（×） 出错率 31.2%
相关词条：操做（×）—操作（√）

释 指人所做的事。

辨 “作”一般用于较为抽象的、书面语色彩较浓的词语，特别是成语里，如“胡作非为、自作自受”；“做”一般用于比较具体的事物，如“做梦、做买卖”等。

错例 ① 录音中说，法国人需要为自己的所做所为承担责任。（2010年10月28日中央电视台《中国新闻》）

② 那些愿意解囊相助的人，他们的所做所为，绝不是因为冲动，而是出自一个合格公民的基本素养。（2013年1月4日中央电视台《新闻联播》）

谈笑风生（√） tánxiào-fēngshēng

谈笑风声（×） 出错率 44.7%

释 形容谈话谈得高兴而有风趣。

辨 “生”表示发生，产生，如“生效、惹是生非”；“声”指声音，如“声情并茂”。

错例 ① 今天上午进行的语文考试，共两个半小时。看上去，场外的考生大多**谈笑风声**，没有大考前的紧张气氛。（2007年6月7日北京电视台《特别关注》）

② 面对中外记者的提问，新上任不到一年的中国外交部部长**谈笑风声**，妙语连珠！（2008年3月13日中央电视台《第一时间》）

天然气（√） tiānránqì

天燃气（×） 出错率 39.9%

释 通常指产生于油田、煤田和沼泽地带的天然气体，主要成分是甲烷等，是埋藏在地下的古代生物经过高温、高压等作用形成的。主要用作燃料和化工原料。

辨 “然”本义是燃烧，现在多为副词或形容词后缀，如“忽然、显然”等。“燃”指燃烧、引火点着，如“自燃、燃起火把”等。

错例 ① 其实乙烷、丁烷就是相当于我们的天燃气。（2011 年 10 月 15 日中央电视台《新闻调查》）

② 现在咱们济南的很多老房子，老小区配套设施不是那么齐全，很多都是逐步改善，通天燃气，通暖气，这样居民住在老房子里，也能享受新房一样的待遇。（2012 年 5 月 14 日山东电视台《民生直通车》）

铤而走险（√） tǐng'ér-zǒuxiǎn

挺而走险（×） 出错率 43.4%

释 指因无路可走而采取冒险行动。

辨 “铤”表示快步奔跑，形容走得很快的样子。“挺”表示硬而直，伸直或突出，如“挺拔、挺进”。按照《第一批异形词整理表》，“铤而走险”为推荐词形。

错例 ① 这个计划的实施将使他处在极大的危险之中，但他还是决定**挺而走险**。（2007 年 4 月 11 日中央电视台《人与社会》）

② 捣毁胡蜂的巢穴，掏取里面的幼虫和蜂蛹，虽然是一种极具危险的举动，但市场需求带来的巨大利润，仍诱使越来越多的人，不惜为此**挺而走险**。（2014 年 3 月 11 日中央电视台《科技苑》）

妥帖（√） tuǒtiē

妥贴（×） 出错率 49.2%

释 妥当合适。

辨 “帖”是妥当，稳当的意思，如“妥帖”；“贴”指紧挨，如“贴身”。

错例 ① 当时，大部分学者都认为，给这种神秘未解的文字起名为“甲骨文”最为**妥贴**。这一叫法，既包括了龟甲，又包括了兽骨，简洁明了，逐渐成为学界的统称。（2009 年 7 月 13 日中央电视台《探索发现》）

② 他从车上下来时，还不慌不忙地把衣服整理**妥贴**后再走。若不是王师傅发现他从小路口跑过来，而且裤腿下面还打湿了，或许如此镇定的他就根本不值得怀疑。（2006 年 5 月 15 日中央电视台《讲述》）

挖墙脚（√） wā qiángjiǎo

挖墙角（×） 出错率 43.5%

释 拆台。

辨 “墙脚”指墙根，也用来比喻基础；“墙角”指两堵墙相接而形成的角（指角本身，也指它里外附近的地方）。

错例 ① 因为很可能在黄牛或者其他运营商的一些类似**挖墙角**的行为里边，你不用我的套餐了，到最后我就只变成了数字上的增长。（2010年11月29日中央电视台《今日观察》）

② 国家民航总局鼓励各个航空公司到国外去“招飞”，而不要互相**挖墙角**。（2006年10月23日中央电视台《经济半小时》）

委曲求全（√） wěiqū-qiúquán

委屈求全（×） 出错率 48.5%
相关词条：
卑躬曲膝（×）—卑躬屈膝（√）
能曲能伸（×）—能屈能伸（√）

释 勉强迁就，以求保全；为顾全大局而暂时忍让。

辨 “委曲”表示勉强服从；“委屈”指受到不应该有的指责或待遇，心里难过。

错例 ① 协商了半天，苦于手里没合同，又不能把东西原封不动的搬回去，于先生只好委屈求全的掏出了一千块钱，家是搬了，可心里头那叫一个窝囊。（2013年4月7日青岛电视台《生活在线》）

② 我那时候就已经觉得，两党理念差异太大，委屈求全没有用，人家不会给你机会的。（2007年7月14日中央电视台《台商故事》）

毋庸置疑（√） wúyōng-zhìyí

勿庸置疑（×） 出错率 29.5%

释 事实明显或理由充分，不必怀疑，根本就没有怀疑的余地。

辨 “毋”读 wú，“勿”读 wù，二字都表示禁止或劝阻。按照《第一批异形词整理表》，“毋庸”为推荐词形。

错例 ① 主编告诉记者，绿皮书中引用数据全部来自民政部的相关报告，权威性**勿庸置疑**，计划今后每年出一本。（2010 年 3 月 31 日中央电视台《中国新闻》）

② 这次对双方加强军事透明是非常有好处的，说明我们中美良好的军事关系会上一个台阶，我认为这个问题是**勿庸置疑**的。（2014 年 6 月 26 日中央电视台《环球视线》）

焐热（√） wùrè

捂热（×） 出错率 81.5%

释 用热的东西接触凉的东西使变暖。

辨 “焐”指焐热，如“焐酒、焐手”；“捂”表示遮盖住或封闭起来，如“捂盖子、捂盘”。

错例 ① 然而刚刚买的玩具猪放在桌子上还没几天，刚刚赚到手的五万元钱还没**捂热**，他又出发了。（2010年2月10日中央电视台《致富经》）

② 没想到钱还没**捂热**，就被守候在周围的民警抓获。（2012年4月7日北京电视台《法治进行时》）

雾气沼沼（√） wùqì-zhǎozhǎo

雾气昭昭（×） 出错率 42.9%

释 形容雾气弥漫。

辨 “沼”指天然的水池子，如“池沼、沼泽”；“昭昭”表示明亮或明白，如“日月昭昭”。

错例 ① 由于雪后空气湿度大，大雾天气仍将持续，明天京城仍是**雾气昭昭**，市民出行要注意安全。（2007年1月1日北京电视台《直播北京》）

② 进入2月份以来，不利的逆温天气导致污染物难以得到有效扩散，北京的天空总是**雾气昭昭**的，空气质量不好，这又让环保人士揪起了心。（2006年2月17日北京电视台《特别关注》）

嬉笑（√） xīxiào

嘻笑（×） 出错率 31.9%

释 笑着闹着。

辨 “嬉”是游戏、玩耍的意思，如“嬉闹、嬉戏”；而“嘻”则用来形容笑的声音，如“嘻嘻哈哈”。

错例 ① 根据我这两天在韩国首都首尔的观察，前线演习造成那种紧张气氛在市民的生活秩序上，以及放学的学生那种嘻笑打闹中一点也体现不出来。（2010年12月20日中央电视台《环球视线》）

② 照片中，和团员嘻笑合影，穿着红衣服、头发花白的，就是73岁的陈道华。（2011年4月29日中央电视台《中国新闻》）

陷阱（√） xiànjǐng

陷井（×） 出错率 39.1%

释 为捉野兽或敌人而挖的坑，也比喻害人的圈套。

辨 “阱”指捕野兽用的陷坑，如“陷阱”；“井”指从地面往下凿成的能取水的深洞，洞壁多砌上砖石，也指形状像井的东西，如“油井、矿井”等。

错例 ① 一方面我们听到很多新的说法，比如低碳经济，很多人说低碳经济有可能是馅饼，也有可能是陷井。（2010年1月20日中央电视台《经济半小时》）

② 专家指出，经过所谓专业人士精心设计的陷井条款其实不合理之处一目了然。（2011年3月27日中央电视台《每周质量报告》）

相形见绌（√） xiāngxíng-jiànchù

相形见拙（×） 出错率 41.2%

释 跟另一人或事物比较起来显得远远不如。

辨 “绌”读chù，表示不够，不足，如“支绌、相形见绌”；“拙”读zhō，形容笨，如“眼拙、勤能补拙”等。

错例 ① 由于本身质地较差，容易干裂，所以较之明清时的亚洲犀角雕刻**相形见拙**。（2007年6月13日中央电视台《民间寻宝》）

② 同有形的物质文化遗产的保护相比，非物质文化遗产的保护则显得**相形见拙**。（2006年6月10日北京电视台《特别关注》）

香消玉殒（√） xiāngxiāo-yùyǔn

香消玉陨（×） 出错率 31.4%

释 香、玉：喻指美女。比喻美丽的女子死亡。

辨 “殒”指丧失生命，死亡，如“殒身、殒命”；“陨”指陨落，如“陨石”。

错例 ① 谁也不会想到，1981年2月24号，那场举世瞩目的“世纪婚礼”的女主角，最终如此这般香消玉陨。（2006年12月19日中央电视台《世界周刊》）

② 制作这种巧克力时装必须十分小心，不仅要保持较低的环境温度，还要避开阳光的直射，否则作品极有可能“香消玉陨”。（2007年12月27日中央电视台《第一时间》）

消弭（√） xiāomǐ

消弥（×） 出错率 58.3%

释 消除（坏事）。

辨 “弭”读 mǐ，指平息，消灭，如“弭除、弭患”；“弥”读 mí，指填满，遮掩，如“弥补、弥缝”等。

错例 ① 应该通过理性沟通来增进了解、消弥分歧，而不是通过付诸激烈的方式。（2010 年 3 月 31 日中央电视台《海峡两岸》）

② 根据相关的分工安排，中国防暴队将这一情况迅速上报给联合国驻海地稳定特派团，并移交给维和部队进行了妥善处置，将一个潜在的威胁消弥于无形之中。（2009 年 6 月 29 日中央电视台《法治在线》）

萧条（√） xiāotiáo

箫条（×） 出错率 34.3%
相关词条：
北风啸啸（×）— 北风萧萧（√）

释 ❶寂寞冷落，毫无生气。❷资本主义社会中紧接着周期性经济危机之后的一个阶段，其特征是工业生产处于停滞状态，物价低落，商业萎缩。

辨 “萧”指萧索，萧条，如“萧瑟、萧然”；“箫”则是一种管乐器。

错例 ① 数据显示，三大股指在这一年都跌回了10年前的水平，是1931年大箫条时期以来的最差表现。（2010年1月6日中央电视台《新闻1+1》）

② 到了2002年的时候股市低迷，这是全国的股市低迷。深圳又不发新股，金融业非常萎缩、箫条。（2010年10月2日中央电视台《新闻周刊》）

硝铵（√） xiāo'ǎn

硝胺（×） 出错率 66.3%
相关词条：碳氨（×）—碳铵（√）

释 即硝酸铵，一种化学物质。

辨 “铵”读ǎn，指从氨衍生所得的带正电荷的根，也就是铵离子；“胺”读àn，指氨分子中部分或全部氢原子被烃基取代而成的有机化合物。

错例 ① 在对艾哈迈达巴德市南部255公里处的苏拉特市的检查中，警方发现了一辆装有雷管和可能是硝胺的车。（2008年7月28日中央电视台《国际时讯》）

② 美药管局药物分析部门分析了两种畅销电子香烟的烟管成分样品，发现其中一份样品中含有二甘醇，其他一些样品中则发现了亚硝胺等致癌物。（2009年7月24日中央电视台《第一时间》）

笑眯眯（√） xiàomīmī

笑咪咪（×） 出错率 32.2%

释 状态词，形容微笑时眼皮微微合拢的样子。

辨 “眯”形旁表示其意义与眼睛相关，是指眼皮微微合上，如“眯缝、眯着眼”；“咪咪”一般用来形容猫叫的声音。

错例 ① 我工作一天，就希望给人家带来快乐一天，到最后我应该鞠躬下台，我也**笑咪咪**地鞠躬下台，我没有个人的打算。（2011 年 7 月 10 日中央电视台《海峡两岸》）

② 他看货的时候，我就关注他的脸色，我看他已经**笑咪咪**了，我心里这样想，你肯定想跟我合作。（2012 年 11 月 5 日中央电视台《致富经》）

新郎官（√） xīnlángguān

新郎倌（×） 出错率 61.1%

释 新郎。指结婚时的男子。

辨 “官”指政府机关或军队中经过任命的、一定等级以上的公职人员，如“官员、武官”等；“倌”指农村中专管饲养某些家畜的人员或旧时某些行业中被雇用专做某种活计的人，如“羊倌、堂倌”等。

错例 ① 鄂温克族传统婚礼在历史上是需要举行7天的。第一步是**新郎倌**给新娘家送彩礼，彩礼当中包括驯鹿在内，两家驯鹿处在一起才说明他们正式结婚了。（2011年7月15日中央电视台《每日农经》）

② **新郎倌**手上紧紧抓住的，还有这份小礼物，印有另一半的甜蜜婚纱照。（2010年4月24日东南卫视《海峡新干线》）

宣泄（√） xuānxiè

渲泄（×） 出错率 49.5%

释 ❶使积水流出去。❷舒散，吐露（心中的积郁）。❸书面语。泄露。

辨 “宣”指疏导或公开说出来，传播、散布出去，如“宣传、心照不宣”；“渲”则指渲染。

错例 ①在首都马德里提前修建的庆典广场上，大约30万名球迷组成了红、黄两色的人的海洋，大家欢呼着跳跃着，尽情渲泄自己内心的狂喜。（2010年7月12日中央电视台《中国新闻》）

②“长崎事件”看似偶然，实际上却是日本民族情绪的变相渲泄。（2010年11月2日东南卫视《海峡新干线》）

寻人启事（√） xúnrén-qǐshì

寻人启示（×） 出错率 57.9%

释 为了寻找某人而登载在媒体上或张贴在墙壁上的文字。

辨 “启事”指为了说明某事而登载在媒体上或张贴在墙壁上的文字；“启示”指启发提示，使有所领悟，或通过启发而领悟的道理。

错例 ①本周寻人启示有了结果，已有两位相关人士被判了刑，这也在提醒我们所有的人，重要的经济数据这可是国家机密，做好保密工作当然是必须的。（2011 年 11 月 29 日中央电视台《新闻周刊》）

② 儿子失踪一个月后，他联合在报纸的寻人启示中认识的那五位家长，组成了最初的寻子联盟。（2013 年 8 月 25 日中央电视台《面对面》）

严峻（√） yánjùn

严竣（×） 出错率 34.3%

释 形容词。严厉，严肃；严重。

辨 “峻”，本义是山高而陡，如“峻峭、险峻”，后引申为严厉，如“严峻、严刑峻法”；“竣”本义指退位，引申为完毕、结束，如“完竣、竣工”等。

错例 ① 为了排除这个安全隐患，有关人员经历了一次严竣的生死考验。（2006年12月13日中央电视台《讲述》）

② 今天，工业和信息化部副部长表示，钢铁、汽车等重要行业面临严重的产能过剩，12个重点行业中有9个行业利润同比下降，工业形势严竣。（2009年4月22日中央电视台《经济信息联播》）

一刹那（√）　yī chànà

一霎那（×）　出错率　33.3%

释 极短的时间。

辨 “刹那”指极短的时间，瞬间，是梵语 kṣaṇa 的音译；“霎”也指短时间，一会儿，常用于“霎时、霎时间”。

错例 ①节目的最后让我们跟随一座座城市，欣赏灯光**一霎那**熄灭的美丽，也更多地思考我们共同的家园——地球的未来。（2010年3月28日中央电视台《新闻20分》）

②当时，一名穿白色衬衫的男子在列车进站的**一霎那**突然要跳下站台，千钧一发之际，他身边的一名警察手疾眼快，拽住了这名男子的衬衫，把他拉了回来，场面惊险令人倒吸一口凉气。（2013年4月24日中央电视台《新闻联播》）

一副对联（√） yī fù duìlián

一幅对联（×） 出错率 40.3%

释 一副对联。对联指写在纸上、布上或刻在竹子上、木头上、柱子上的对偶语句。

辨 “副”是量词，用于成套的东西，如“一副对联、一副手套”等；“幅”也是量词，但常用于布帛、呢绒、图画等，如“一幅画”。

错例 ① 为了平息这个争论，他写下了**一幅对联**，其中一句是“名高天下，何必辩襄阳南阳”，诸葛亮对这个问题是不会在意的。（2010年6月15日中央电视台《新闻1+1》）

② 这是**一幅对联**的上联，下联还没有想好呢。（2012年4月12日中央电视台《乡约》）

一炷香（√） yī zhù xiāng

一柱香（×） 出错率 50.9%

释 一枝香。

辨 “炷”做量词时用于点着的香，如“一炷香”；“柱”指柱子或者像柱子的东西，如“支柱、水柱”等。

错例 ① 来自妈祖故乡的他，在农历新年里必做的一件事，就是为妈祖进一柱香。（2011年2月8日福建电视台《福建新闻联播》）

② 我从来不稀罕干这件事情，但是那天我到庙里烧了一柱香。（2013年3月28日中央电视台《致富经》）

义无反顾（√）yìwú-fǎngù

义无返顾（×）　　出错率　　46.4%

释 在道义上只有勇往直前，绝对不能退缩回头。

辨 “反”的主要义项有：①形容词。颠倒的；方向相背的（跟“正”相对）。②（对立面）转换；翻过来。③回；还。④动词。反抗；反对。⑤动词。背叛。“返”只能做动词，表示回，如“往返、返回”等。按照《第一批异形词整理表》，“义无反顾”为推荐词形。

错例 ① 2011年4月，他义无返顾地用三百万元一下子收购了九百多吨鲜草莓做原料。（2012年7月12日中央电视台《致富经》）

② 虽然很多人不理解甚至遭到家人的反对，但小两口还是义无返顾地上山了。（2011年3月8日中央电视台《中国新闻》）

引申（√） yǐnshēn

引伸（×） 出错率 30.8%

释 （字、词）由原义产生新义，如“鉴”字本义为“镜子”，“可以作为警戒或引为教训的事”是它的引申义。

辨 “申”是说明，申述的意思，如“重申、三令五申”；“伸”指（肢体或物体的一部分）展开，如“伸直、伸展”等。

错例 ① “绿色通道”一词源自海关，被引伸为享受特殊礼遇、快速通关。（2010年7月3日中央电视台《中国新闻》）

② 要继续加强农村党风廉政建设，不断完善和提升阳光农廉网的功能，进一步引伸“三务公开”，着力推进农村改革发展稳定。（2011年6月8日山西广播电视台《山西新闻联播》）

慵懒（√） yōnglǎn

庸懒（×） 出错率 35.7%

释 懒散不振作。

辨 “慵”形容困倦，懒，如“慵困、慵懒”；“庸”则用来形容平凡、平庸，不高明，没有作为，如“庸碌、庸俗”等。

错例 ① 日前，一批不作为、乱作为、慢作为的机关干部“**庸懒**散”典型案例在武汉市委十一届十二次全体（扩大）会议上，通过播放视频的方式被公开通报。（2011 年 7 月 25 日中央电视台《新闻联播》）

② 兰考教育实践活动进行得比较扎实，有深刻认识，有严格标准，有具体抓手，有明显变化，干部“走读”、面子工程、**庸懒**散拖、靠关系办事、大吃大喝、以权谋私等群众反映强烈的突出问题得到整改。（2014 年 8 月 27 日中央电视台《新闻联播》）

有错必纠（√） yǒucuò-bìjiū

有错必究（×） 出错率 52.4%

释 有了错误必须纠正。

辨 “纠”是督察，检举，纠正的意思，如“纠察、纠错”等；“究”指仔细推求，追查，如“研究、追究”等。

错例 ① 有错必究，不管是谁，犯了错误一定要改正。这起冤案是一记沉重的警钟，相关办案人员应该吸取教训，好好总结。（2010年5月10日中央电视台《新闻20分》）

② 对社会各界反映的问题要认真调查、核实，及时作出处理。坚决落实领导干部问责制度，有错必究，有责必问。（2010年6月23日中央电视台《新闻联播》）

缘分（√） yuánfèn

缘份（×） 出错率 38.9%
相关词条：年分（×）—年份（√）

释 民间认为人与人之间命中注定的遇合的机会；泛指人与人或人与事物之间发生联系的可能性。

辨 “分”有情分，情谊的意思，如“缘分”；“份”指整体里的一部分，也作为量词用于搭配成组的东西或报刊、文件等，还可用在“省、县、年、月”后面，表示划分的单位，如“份额、年份”等。

错例 ① 这个名字似乎注定与树结下缘份。（2010年9月9日中央电视台《中国新闻》）

② 正因为和英国王室有这样的缘份，他现在才特别关注凯特王妃生孩子的事。（2013年8月16日中央电视台《致富经》）

源远流长（√）yuányuǎn-liúcháng

渊远流长（×） 出错率 41.6%

释 ❶源头很远，流程很长。❷形容历史悠久。

辨 “源”指水流起头的地方，来源，如“源泉、源头”等；“渊”指深水，潭，也形容深，如“深渊、渊博”等。

错例 ① 千年的运河文化，渊远流长，漕运码头、漕船，《潞河都运图》都细致地再现了当年漕运的景象，向游人讲述明清时期运河两岸的风土人情。（2010 年 9 月 25 日北京电视台《特别关注》）

② 福建与澳门之间拥有共同的妈祖信仰、渊远流长的经贸、文化的血脉交融，这都为两地密切携手奠定了坚实的基础。（2012 年 7 月 1 日福建电视台《福建新闻联播》）

孕育（√） yùnyù

蕴育（×） 出错率 39.9%

释 怀胎生育，比喻既存的事物中酝酿着新事物。

辨 “孕”指怀胎或身孕，如“孕妇、孕育”；“蕴”指包含，蓄积，也指事理深奥的地方，如“蕴藏、底蕴”等。

错例 ① 产业结构进行调整的时候就会**蕴育**着新的投资机会，这种投资机会就是为下一轮的牛市创造条件的。（2010 年 7 月 2 日中央电视台《环球视线》）

② 在辉南县朝阳镇向阳村的水稻栽培示范田里，插秧机正在作业，一行行翠绿的稻苗**蕴育**着希望。（2013 年 5 月 26 日吉林电视台《吉林新闻联播》）

遭殃（√） zāoyāng

遭秧（×） 出错率 29.7%

释 遭受灾殃。

辨 “殃”指祸害或者使受祸害，如“灾殃、祸国殃民”等；“秧”指植物的幼苗，有时特指水稻的幼苗，还可指某些植物的茎或某些饲养的幼小动物，做动词时意为栽培蓄养，如“树秧儿、插秧”等。二者形旁不同导致意义上的差别。

错例 ① 中方向有关方面一再指出，如果朝鲜半岛发生流血冲突，首先遭秧的是半岛双方人民。（2010 年 12 月 18 日中央电视台《新闻联播》）

② 每到供暖期，家中供暖水管爆裂是最让人上火的事儿，遭秧的不仅是自己家。（2010 年 11 月 1 日大连电视台《大连新闻》）

仗义执言（√） zhàngyì-zhíyán

仗义直言（×） 出错率 52.3%

释 为了正义说公道话。

辨 “执”有坚持的意思，可用作动词，如“各执一词、仗义执言”；“直”本意为成直线的（跟“曲”相对），引申为公正的、正义的或直爽、直截，多用作形容词，如“正直、心直口快”等。

错例 ① 多年来，柬方在台湾、涉藏、涉疆等涉及中国核心利益问题上，旗帜鲜明、坚持原则、**仗义直言**，给予中方坚定支持。（2011年8月21日中央电视台《新闻联播》）

② 报道配发的评论说：网民在这件事中所表现出来的所谓的“**仗义直言**”，显示了网络“民意”的软肋。（2009年4月27日中央电视台《朝闻天下》）

照相馆（√） zhàoxiàngguǎn

照像馆（×） 出错率 29.6%
相关词条：长像（×）—长相（√）

释 照相的店。

辨 “相”可用来指相貌、外貌，物体的外观以及坐、立等的姿态，如“长相、月相”等；“像”则是指比照人物制成的形象，或从物体发出的光线经反射或折射后形成的与原物相似的图景，如“画像、肖像”等。

错例 ① 大家都是想趁着过年这个大团圆的机会，来到**照像馆**里把新春的喜庆定格下来。（2010年2月18日山西广播电视台《新闻午报》）

② 这张照片开始有点点的彩色了，**照像馆**的工作人员涂上了淡淡的绿色。（2010年8月11日重庆广播电视台《热线零距离》）

蛰伏（√） zhéfú

蜇伏（×） 出错率 49.2%

释 ❶动物冬眠，潜伏起来不食不动。❷借指蛰居。

辨 “蛰”读zhé，指蛰伏，二者属于固定搭配；“蜇”读zhē，是指蜂、蝎子等用毒刺刺人或动物，也指某些物质刺激皮肤或黏膜使发生微痛，还指海蜇。

错例 ①在男子体操个人全能决赛中，雅典奥运会鞍马冠军滕海滨在蜇伏多年后重整旗鼓，依靠完美发挥一路领跑，以91.10分的总成绩成为亚洲全能王。（2010年11月15日中央电视台《新闻联播》）

②中国江西网网友表示，公开政府投资计划是一次公民启蒙，四万亿唤醒了许多国人身上长期蜇伏的公民意识。（2009年3月9日中央电视台《新闻1+1》）

震撼（√）zhènhàn

震憾（×） 出错率 33.8%
相关词条：遗撼（×）—遗憾（√）

释 震动；摇撼。

辨 “撼”指摇、摇动，是一种动作，如“摇撼、撼动”；“憾”表示失望，不满足，是一种感情，如“遗憾、缺憾”等。

错例 ① 在老盐仓，汹涌澎湃的“回头潮”将给观潮者带来震憾；到了“大缺口”，神奇无比的“交叉潮”更将令人惊叹大自然的奇特。（2010年9月16日中央电视台《中国新闻》）

② 在水舞台区域还增加了两个升降舞台，用于剧中情景再现及特殊场景的表演，拉近了演员与观众的距离，演出动感逼真，极具震憾力。（2012年5月2日山东电视台《早安山东》）

直截了当（√） zhíjié-liǎodàng

直接了当（×） 出错率 36.5%

释 （言语、行动等）简单爽快。

辨 “直截”就是直截了当的意思（跟“转弯抹角”相对）；“直接”是属性词，指不经过中间事物发生关系的（跟“间接”相对）。按照《第一批异形词整理表》，“直截了当”为推荐词形。

错例 ① 公司副总裁直接了当地告诉记者，他们正在建设的项目的确包含一个高尔夫球场，占地1200多亩。（2010年8月4日中央电视台《焦点访谈》）

② 第一条是立法目的，更直接了当地表达我们的立法目的。（2012年3月10日中央电视台《新闻调查》）

指手画脚（√） zhǐshǒu-huàjiǎo

指手划脚（×） 出错率 59.7%

释 形容说话时兼用手势示意，也形容轻率地指点批评。

辨 “画”有八个义项：①动词。用笔或类似笔的东西做出图形。②名词。画成的艺术品。③用画儿装饰的。④名词。姓。⑤动词。用笔或类似笔的东西做出线或作为标记的文字。⑥指组成汉字的横、竖、撇、点、折等。⑦量词。用于字的笔画。⑧名词。汉字的一横叫一画。“划”有划分，划拨，计划等意思。按照《第一批异形词整理表》，“指手画脚”为推荐词形。

错例 ① 很多人自己不捐款，对别人捐款指手划脚。（2010年10月10日中央电视台《对话》）

② 我们受够了你指手划脚地批评我们。（2011年10月27日中央电视台《今日观察》）

炙手可热（√） zhìshǒu-kěrè

炽手可热（×） 出错率 37.5%
相关词条：
脍灸人口（×）—脍炙人口（√）

释 手一挨近就感觉热，形容气焰很盛，权势很大。

辨 “炙”指用火烤，如“炙烤、炙热”；“炽”指火旺或者热烈旺盛，如“炽热、炽烈”。

错例 ①《橄榄树》一炮而红，齐豫也成为台湾当时最炽手可热的歌星之一。（2007 年 8 月 2 日中央电视台《台商故事》）

②苹果手机炽手可热，也成为骗子的目标。（2012 年 3 月 14 日深圳电视台《18 点新闻》）

装潢（√） zhuānghuáng

装璜（×） 出错率 44.9%

释 装潢有两种含义：一是做动词指装饰物品使美观（原只指书画，今不限）；二是做名词指物品的装饰。

辨 “潢”主要义项有：① 积水池。② 染纸。“璜”指半璧形的玉。按照《第一批异形词整理表》，“装潢”为推荐词形。

错例 ① 当初的客房基本上把外形已经建好了，就等室内装璜了。（2010 年 9 月 8 日中央电视台《致富经》）

② 我们的《反不正当竞争法》的规定就是，与知名商品的包装装璜相近似的（假冒）行为是属于我们要规范的范畴。（2012 年 10 月 21 日中央电视台《每周质量报告》）

坐标（√） zuòbiāo

座标（×） 出错率 29.4%

释 能够确定一个点在空间的位置的一个或一组数，叫作这个点的坐标。

辨 “坐”多用作动词，可用来表示位置，如“坐落、坐北朝南”；“座”多用作名词，如“座位、星座”等。

错例 ①被誉为“大字之祖”的《瘗鹤铭》，在中国书法史上具有座标意义。（2010年6月1日中央电视台《中国新闻》）

②今天，站在新的时代座标上，人们正在用自己的一言一行，续写属于这个时代的雷锋精神，使雷锋精神得到了新的继承。（2012年3月2日中央电视台《新闻联播》）

坐落（√） zuòluò

座落（×） 出错率 54.0%
相关词条：打座（×）—打坐（√）

释 建筑物位置处在（某处）。

辨 “坐”多用作动词，可用来表示位置，如“坐落、坐北朝南”；“座”多用作名词，如“座位、星座”等。

错例 ① 石家庄援建的龙安、唐山援建的南坝、保定援建的响岩、邯郸援建的平通四镇正**座落**在通向九寨沟的公路边，除县城龙安外，位于地震带上的南坝、响岩、平通在地震中都受损严重。（2010 年 2 月 4 日中央电视台《中国新闻》）

② 绒布寺**座落**于珠穆朗玛峰脚下，为世界上海拔最高的寺庙，平时能去的人很少。（2011 年 7 月 16 日中央电视台《中国新闻》）

坐月子（√） zuò yuè·zi

做月子（×） 出错率 29.9%

释 指妇女生孩子和产后一个月里调养身体。

辨 “坐”主要指把臀部放在椅子、凳子或其他物体上，支持身体重量，如“请坐、稳坐江山”；“做”主要指制造，从事某种工作或活动，假装出（某种模样）等，如“做事、做鬼脸”等。

错例 ① 前两天，太原动物园里新添了4只白虎小宝宝，可这虎妈妈好像不大想**做月子**，生下宝宝之后就自顾自地乘凉去了。（2010年7月17日山西广播电视台《新闻午报》）

② 现在家政服务是越来越受欢迎了，逢年过节请个清洁工人，女性**做月子**请个月嫂，老人年龄大了请个保姆等，都是生活中常见的事儿了。（2013年3月26日山东广播电视台《民生直通车》）

坐镇（√） zuòzhèn

坐阵（×） 出错率 47.4%

释 ❶（官长）亲自在某个地方镇守。❷泛指领导亲自到下面抓工作。

辨 “镇”本义为压，抑制，引申为安定，用武力维持安定，如“镇守、坐镇”；“阵”指作战队伍的行列或组合方式，也指阵地，还可以指一段时间或者表示事情或动作经过的段落，如“严阵以待、上阵、这阵儿、一阵剧痛”等。

错例 ① 巴西坐阵约翰内斯堡的埃利斯公园球场迎战智利队。（2010 年 6 月 29 日中央电视台《中国新闻》）

② 郭必林坐阵指挥，大量收购各种海产品，就等着年底销售旺季时出手大赚一笔。（2013 年 3 月 13 日中央电视台《致富经》）

后　记

经过近三年的努力，这套小册子终于和大家见面了。

之所以编写这套小册子，是因为我们经常接到一些播音员主持人在节目播出之前打来的咨询电话，询问一些字词的读音问题。还有，我们在平常收听收看广播电视节目时，也时常发现一些播音员主持人读错字音的情况。

经过调查研究，我们编写了这三本小册子，分别是《播音员主持人最易读错的100个字》《播音员主持人最易读错的100个词语》和《电视新闻字幕中最易写错的100个词语》。我们发现，播音员主持人如果了解掌握了这些最容易出错词语的规律，在避免语言文字差错方面会得到事半功倍的效果，其中的绝大部分语言文字差错问题也都能得到解决。

这套小册子的出版得到了商务印书馆的大力

支持。在编校过程中，总编辑周洪波、汉语编辑中心主任余桂林、责任编辑丁海燕倾注了大量的心血，在此致以衷心的感谢！

还要特别感谢参与问卷调查的中国传媒大学播音主持进修班的同学们！感谢在网上进行问卷调查的饶玥玥、陈宇颖、马彰羚、颜赛赛、龚琛洁、武千妍、张晓语、黄媛媛、黄婷、董慧、冯晨、王莹、屠玥、涂欢等同学！

中国传媒大学语言学及应用语言学专业研究生谢熠、朱波、巴伟等还先后对问卷结果的统计做了大量的工作，在此一并感谢！

由于水平所限，书中难免存在一些缺陷、谬误和不足，恳请广大读者朋友和专家学者予以批评指正。

编者

2016 年 5 月于北京